DESCRIPTION

DE

L'UNIFORME

DU

PRYTANÉE MILITAIRE

Edition mise à jour des textes en vigueur jusqu'au 10 juillet 1904

PARIS
HENRI CHARLES-LAVAUZELLE
Éditeur militaire
10, Rue Danton, Boulevard Saint-Germain, 118
(MÊME MAISON A LIMOGES)

DESCRIPTION

DE

L'UNIFORME

DU

PRYTANÉE MILITAIRE

Edition mise à jour des textes en vigueur jusqu'au 10 juillet 1904

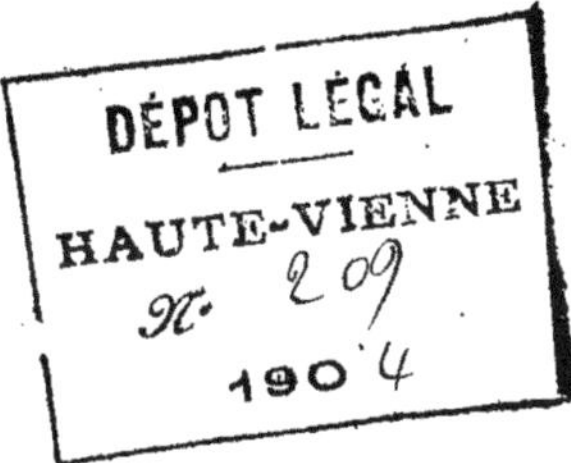

PARIS
HENRI CHARLES-LAVAUZELLE
Éditeur militaire
10, Rue Danton, Boulevard Saint-Germain, 118

(MÊME MAISON A LIMOGES)

Ire PARTIE.

Cadre.

TITRE Ier.

OFFICIERS.

Article 1er. — **Uniforme.**

Semblable à celui des officiers d'infanterie, sauf les modifications suivantes :

Le collet et les pattes de parement de la tunique sont en drap du fond. Les boutons d'uniforme, en or brillant, portent les attributs distinctifs du Prytanée (article 67).

Les numéros apposés sur le collet de la capote et de la tunique et sur le bandeau du képi de 2e tenue sont remplacés par des grenades en or brodées en cannetille mate et paillettes.

La grenade du collet a une longueur de 60mm (diamètre de la bombe 15mm ; longueur de la flamme 45mm) ; celle du bandeau du képi une hauteur de 20mm.

Officier d'administration. — Conserve la tenue de son service, dans toutes ses parties.

TITRE II.

ADJUDANTS.

Article 2. — **Uniforme.**

Semblable à celui des adjudants d'infanterie, sauf les modifications indiquées pour les officiers du cadre.

Les grenades du collet des effets d'habillement et du bandeau du képi sont brodées en filé d'or seulement, sans cannetille ni paillettes.

Adjudants d'administration. — Conservent l'uniforme de leur arme.

Toutefois, le collet de la capote, du dolman et de la vareuse et le bandeau du képi de 2e tenue, reçoivent en remplacement des numéros, des grenades brodées en filé d'argent, sans cannetille ni paillettes, des dimensions de celles attribuées aux officiers du cadre.

TITRE III.

SOUS-OFFICIERS (AUTRES QUE LES ADJUDANTS) ET SOLDATS.

CHAPITRE Ier.

INFANTERIE ET COMMIS ET OUVRIERS MILITAIRES D'ADMINISTRATION.

SECTION Ire.

HABILLEMENT.

ARTICLE 3. — **Capote.**

Du modèle général de l'infanterie avec boutons à l'uniforme du Prytanée (article 67). Les pattes à numéros du collet sont remplacées par des grenades de laine rouge (longueur 55mm, hauteur 20mm) brodées sur un écusson en drap du fond.

Sous-officiers rengagés. — Semblable à celle des sous-officiers rengagés de l'infanterie avec boutons dorés à l'uniforme du Prytanée et grenades de collet brodées en soie rouge, des dimensions ci-dessus.

ARTICLE 4. — **Epaulettes.**

Des modèles de l'infanterie et des sections des commis et ouvriers militaires d'administration.

Sous-officiers rengagés. — Semblables à celles des sous-officiers rengagés de l'infanterie et des sections d'administration.

ARTICLE 5. — **Pantalon d'ordonnance.**

Du modèle général de l'infanterie avec passepoil bleu foncé sur les coutures latérales pour les sous-officiers seulement.

Sous-officiers rengagés. — Semblable à celui des sous-officiers rengagés de l'infanterie avec le passepoil distinctif de l'Ecole.

ARTICLE 6. — **Tunique.**

Du modèle général de l'infanterie avec collet et pattes de parements en drap du fond, passepoils en drap garance et boutons à l'uniforme du Prytanée (article 67). Les pattes à numéros du collet sont remplacées par des grenades en laine rouge, brodées sur un écusson en drap du fond. Ces grenades ont les mêmes dimensions que celles de la capote (article 3).

Sous-officiers rengagés. — Semblable comme coupe et détails de confection à celle des sous-officiers rengagés de l'infanterie, mais à l'uniforme du Prytanée. Les grenades du collet des dimensions de celles de la capote sont brodées en soie rouge.

ARTICLE 7. — **Veste en drap.**

Des modèles de l'infanterie avec boutons à l'uniforme du Prytanée (article 67). Les pattes à numéros du collet sont remplacées par des grenades semblables à celles du collet de la tunique.

ARTICLE 8. — **Veste en coutil.**

Confectionnée entièrement en coutil et doublée en toile de lin sa longueur est telle que son bord inférieur descende uniformément à 80^{mm} au-dessous de la saillie des hanches. Les devants croisent l'un sur l'autre au moyen de deux rangées chacune de 7 boutons d'os blanc.

Le collet est arrondi sur le devant.

Une poche horizontale est placée en dehors de chaque côté, à environ 140^{mm} au-dessus du bord inférieur de la veste.

Dimensions invariables :

Devants	Distance horizontale entre les deux rangées de boutons.	En haut	0^{m}.270
		En bas	0^{m},130
Collet	Hauteur		0^{m},030
Parements	Hauteur		0^{m},070

SECTION II.

GALONS ET MARQUES DISTINCTIVES

ARTICLE 9. — **Galons de grade et de fonctions, soutaches de grade et d'ancienneté.**

Les mêmes que pour l'infanterie et les sections d'administration.

SECTION III.

COIFFURE.

ARTICLE 11. — **Bonnet de police.**

Du modèle adopté pour l'infanterie.

ARTICLE 12. — **Képi (1re et 2e tenue).**

Des modèles de l'infanterie et des sections d'administration.

Boutons à l'uniforme du Prytanée (article 67).

Pour le képi de 2e tenue, le numéro du corps est remplacé par une grenade en laine rouge (hauteur 30^{mm}) brodée sur un écusson de la couleur du bandeau.

Fausse jugulaire en or pour tous les sous-officiers y compris ceux d'administration.

Sous-officiers rengagés. — Semblable à celui des sous-officiers rengagés de l'infanterie et des commis et ouvriers militaires d'administration avec boutons à l'uniforme du Prytanée et jugulaire en cuir verni noir bordée d'une soutache en or et soie.

SECTION IV.

CHAUSSURE.

ARTICLE 13. — **Brodequins.**

Du modèle général de l'infanterie.

SECTION V.

GRAND ÉQUIPEMENT.

ARTICLE 14. — **Effets divers.**

Les effets de grand équipement dont les militaires du cadre doivent être pourvus sont des modèles généraux de l'infanterie, savoir :

Canne de caporal-tambour ;

Ceinturon complet de troupes à pied ;

Ceinturon complet de sergent-major, pour épée de sous-officier ;

Havresac ;

Porte-sabre-baïonnette.

Sous-officiers rengagés. — Ceinturon du modèle des sous-officiers rengagés de l'infanterie.

SECTION VI.

PETIT ÉQUIPEMENT

ARTICLE 15. — **Effets divers.**

Les effets de petit équipement attribués aux militaires du cadre sont des modèles généraux de l'infanterie.

SECTION VII.

ARMEMENT.

ARTICLE 16. — **Sabre et épée.**

Caporaux et soldats. — Sabre-baïonnette, modèle 1866, série Z.

Sous-officiers. — Epée modèle 1884.

Sous-officiers rengagés. — Epée modèle 1887.

CHAPITRE II.

CAVALIERS-ORDONNANCES.

ARTICLE 17. — **Uniforme.**

Semblable, dans toutes ses parties, à celui des hommes montés du train des équipages militaires, sauf les modifications suivantes :

Les numéros du collet du dolman et du manteau et du bandeau du képi sont remplacés par des grenades en laine rouge brodées sur un écusson en drap du fond. Ces attributs ont les mêmes dimensions que ceux adoptés pour les autres militaires du cadre.

TITRE IV.

SOUS-OFFICIERS DE CAVALERIE, INSTRUCTEURS D'ÉQUITATION.

CHAPITRE Ier.

ADJUDANTS MAITRES DE MANÈGE.

SECTION Ire.

HABILLEMENT.

ARTICLE 18. — Culotte.

Du modèle des officiers, mais entièrement en drap fin bleu foncé sans passepoils ni bandes.

En grande tenue et quand l'ordre en est donné, les adjudants-maîtres de manège font usage d'une culotte en tricot de coton blanc demi-collante pour porter dans la botte et faite à grand pont.

ARTICLE 19. — Epaulettes.

Epaulette et contre-épaulette en argent. — Elles sont traversées dans toute leur longueur, y compris l'écusson, d'une raie de soie garance de 10^{mm} de largeur tissée dans le galon; les doublures sont en drap du fond.

ARTICLE 20. — Manteau.

Du modèle des officiers de cavalerie, avec boutons, grenades de collet et galons semblables à ceux de la tunique décrits plus loin.

ARTICLE 21. — Pantalon.

Du modèle des officiers de cavalerie, mais entièrement en drap bleu foncé sans passepoil ni bandes.

ARTICLE 22. — Tunique.

Tunique ample en drap fin bleu foncé du modèle adopté pour les adjudants de cuirassiers et de dragons, sauf les différences suivantes :

Le collet et les parements sont en drap du fond. Ces derniers sont droits sans fausses-pattes.

Immédiatement au-dessus de chaque parement est placé un galon plat en argent mélangé d'un tiers de soie rouge en trois raies longitudinales également espacées, façon trait côtelé, largeur 6^{mm}.

Les grenades du collet (longueur 60^{mm}) sont brodées en filé d'or, sans cannetille ni paillettes. Les boutons, à l'uniforme de l'Ecole (article 67), sont dorés.

Les brides d'épaulettes en galon d'argent sont traversées dans toute leur longueur d'une raie en soie garance de 1^{mm},5 de largeur ; doublures en drap bleu foncé.

SECTION II.

COIFFURE.

Article 23. — **Képi.**

Du modèle général. Il est en drap fin bleu foncé ; la tresse plate de grade de 3^{mm} de largeur est en argent mélangé d'un tiers de soie rouge ; la grenade du bandeau (hauteur 20^{mm}) est en filé d'or ; la fausse-jugulaire est en or et les petits boutons à l'uniforme de l'École (article 67), sont dorés.

Article 24. — **Shako.**

Du modèle adopté pour les adjudants de cavalerie légère avec grenade (hauteur 55^{mm}, largeur 47^{mm} ; largeur à la bombe 24^{mm}) ; il est confectionné en drap bleu foncé et les ornements ou parties d'ornements en argent dans la cavalerie légère, sont dorés.

Plumet en usage dans la cavalerie légère, mais écarlate.

SECTION III.

CHAUSSURES.

Article 25. — **Bottes.**

Du modèle des officiers. avec éperons à la chevalière en cuivre poli ; elles sont portées avec la culotte.

Les autres effets de chaussures portés sous le pantalon d'ordonnance reçoivent des éperons en cuivre poli.

SECTION IV.

ÉQUIPEMENT.

Article 26. — **Effets divers.**

Des modèles adoptés pour les adjudants de cavalerie.

SECTION V.

ARMEMENT.

ARTICLE 27. — **Sabre.**

Sabre de cavalerie légère, modèle 1882 ou 1822.

SECTION VI.

EFFETS DE MANÈGE.

ARTICLE 28. — **Bottes avec éperons à la chevalière.**

Les mêmes que celles décrites à l'article 25.

ARTICLE 29. — **Chapeau.**

En grande tenue de manège et quand l'ordre en est donné, les adjudants-maîtres de manège font usage du chapeau « dit à l'écuyère » en feutre noir et ras sans aucun bord, ni galon.

Ganse simulant deux rangées d'écailles, estampée sur une lame de cuivre, plaquée d'or, retenue par un gros bouton d'uniforme.

Cocarde en poil de chèvre; la zone blanche est en argent.

Dimensions :

Chapeau, hauteur	Devant		0m,130
	Derrière		0m,190
Ailes	Longueur à partir de la forme		0m,115
	Ouverture à leur extrémité		0m,140
	Cambrure par rapport au plan horizontal		0m,030
Ganse	Inclinaison par rapport à l'axe vertical qui partagerait le chapeau par le milieu, distance.	En haut.	0m,080
		En bas.	0m,060
	Longueur apparente		0m,125
	Largeur totale apparente		0m,027
Cocarde	Diamètre		0m,080
	Zone	extérieure rouge, largeur	0m,008
		intermédiaire blanche, largeur	0m,008
	Le centre bleu foncé, diamètre		0m,048

Ce chapeau se porte toujours à la manière dite en bataille.

ARTICLE 30. — **Cravache.**

En baleine recouverte en boyau noir.

ARTICLE 31. — **Culotte.**

La même que celle décrite à l'article 18.

CHAPITRE II.

MARÉCHAUX DES LOGIS SOUS-MAITRES DE MANÈGE.

ARTICLE 32. — **Uniforme.**

Semblable à celui des adjudants-maîtres de manège (articles 18 à 27), sauf les modifications suivantes :

Il n'est placé ni épaulettes, ni brides d'épaulettes sur la tunique.

Les manches ont le parement coupé en pointe et portent les galons de grade, soit de maréchal des logis chef, soit de maréchal des logis. Ces galons en or, façon à lézardes, en 22^{mm} de largeur, sont posés en forme de V renversé.

Les manches du manteau reçoivent les mêmes galons, mais en 12^{mm} de largeur seulement.

Les grenades du collet de la tunique et du manteau sont en filé d'or mélangé d'un tiers de soie noire.

Les soutaches du képi sont en cordonnet noir; fausse jugulaire en or; la grenade du bandeau est en filé d'or mélangé d'un tiers de soie noire.

Le shako, confectionné en drap bleu foncé est du modèle des chasseurs à cheval, avec grenade dorée des dimensions de celle adoptée pour les adjudants-maîtres de manège.

Plumet écarlate comme les adjudants-maîtres de manège.

ARTICLE 33. — **Effets de manège.**

Semblables à ceux des adjudants-maîtres de manège (articles 28 à 31).

TITRE V.

CAVALIERS DE MANÈGE.

CHAPITRE UNIQUE.

BRIGADIERS ET SOLDATS.

SECTION Ire.

HABILLEMENT.

ARTICLE 34. — **Bourgeron-blouse.**

Du modèle général de la cavalerie.

ARTICLE 35. — **Manteau.**

Du modèle général de la cavalerie.

Les angles du collet reçoivent des grenades semblables à celles attribuées aux autres soldats du cadre.

ARTICLE 36. — **Pantalon d'ordonnance.**

Du modèle des sous-officiers de cavalerie, mais confectionné en drap gris de fer foncé avec passepoils en drap écarlate.

Sous-officiers rengagés. — Semblable comme coupe et confection à celui des sous-officiers rengagés de la cavalerie, mais il est en drap des couleurs distinctives.

ARTICLE 37. — **Tunique.**

Confectionnée en drap de sous-officier bleu foncé.

Corsage. — Boutonnant droit sur la poitrine au moyen de 9 gros boutons à l'uniforme du Prytanée (article 67) également espacés entre eux, cousus au devant de droite et de boutonnières correspondantes au devant de gauche, faites en drap et bridées aux deux extrémités, celle du haut est placée à 30^{mm} au-dessous de l'encolure ; le devant de droite s'engage de 40^{mm} sous celui de gauche. Sa coupe et sa longeur sont telles que son bord inférieur affleure sur tous les points la ligne du bas du ceinturon reposant exactement sur les hanches. Toutefois, ce bord inférieur doit, par devant, se relever de 15^{mm} environ afin que le dernier bouton ne soit jamais apparent. Les devants sont très légèrement rembourrés en avant du dessous des bras.

Les bords verticaux du corsage sont passepoilés en drap écarlate. Le dos est d'un seul morceau.

Jupe. — Formée de deux pans, chacun de deux morceaux, un devant et un derrière, assemblés par une couture verticale dans le prolongement de celle du dos du même côté. Le devant de la jupe présente dans son tracé une surface circonscrite par deux courbes concentriques dont celle du haut, concave, se raccorde avec le corsage. Elle a, pour la taille moyenne, 50^{mm} de flèche sur 440^{mm} environ de corde. Celle du bas, convexe, a en moyenne 90^{mm} de flèche sur 730^{mm} environ de corde.

Les bords verticaux du devant sont droits. Celui qui continue le bord libre du corsage est comme lui, passepoilé en drap écarlate, et parementé en drap du fond, sur une largeur de 30^{mm} ; l'autre bord vertical est assemblé avec le derrière du pan ; le bord libre du derrière du pan est simplement rempli sur une largeur de 15^{mm} environ.

La couture d'assemblage des deux parties de chaque pan de jupe est ornée d'une patte à la soubise en drap du fond et qui présente en haut une tête à trois pointes avec un gros bouton d'uniforme au milieu; plus bas, une pointe, saillante sur le derrière, portant aussi un gros bouton.

Un passepoil en drap écarlate règne autour de cette patte; sauf du côté qui se raccorde avec le devant du pan où le passepoil ne descend que jusqu'à hauteur du centre du bouton.

La tête de la soubise est doublée en drap du fond; elle n'est point appliquée contre le corsage pour que le ceinturon puisse reposer, sans masquer cette tête, sur les deux autres pointes de la soubise qui sont fortement arrêtées au niveau de la tige du bouton.

Les deux pans de jupe sont montés de manière à croiser l'un sur l'autre de 60^{mm} environ par le bas en avant. Par derrière, le pan de gauche recouvre celui de droite de 45^{mm} par le haut où il forme un cran de 20^{mm} pris dans la couture de ceinture. Au bas, ces pans se croisent de 70^{mm} environ.

Une ceinture en basane fauve de 80^{mm} de hauteur par devant et de 40^{mm} par derrière, est appliquée en dedans sur la jonction de la jupe et du corsage, de manière que la basane serve de renfort aux deux dernières boutonnières du bas.

Sous le derrière de chaque pan de jupe est une poche en toile de coton dont l'entrée verticale, parementée en drap sur la face externe, est placée sous la couture d'assemblage des deux pièces du pan. Au-dessous de son entrée, le bord de la poche est cousu jusqu'au bas contre la couture d'assemblage des pans de jupe.

La hauteur des jupes est proportionnée à la longueur de la taille de l'homme, savoir :

A B	36
C	34
D	33
E	32

Collet. — En drap du fond, abattu de chaque côté, à angles arrondis sur un rayon de 30^{mm}, passepoilé en drap écarlate. Une piqûre règne au milieu parallèlement à ses bords. Il est orné de chaque côté, d'une patte horizontale en drap écarlate, taillée en fer de lance et porte au milieu de ses trois pointes, un petit bouton d'uniforme. Au pied du collet sont cousues solidement une agrafe et sa porte.

Manches. — En deux morceaux, un dessus et un dessous; leur longueur est telle que l'homme ayant les bras étendus horizontalement, le bord interne du parement arrive au pli du poignet. Leur largeur en haut pour la taille moyenne est de 200^{mm}. Elles se terminent par un parement en pointe du même drap. Son bord supérieur est passepoilé en drap écarlate. Une fente, passepoilée de la même manière, est pratiquée du côté externe, au bas de chaque manche sur une hauteur de

120^{mm} et se ferme au moyen de deux petits boutons d'uniforme et de deux boutonnières en drap dont l'une est percée à 30^{mm} du bord inférieur du parement et l'autre légèrement oblique à 80^{mm} du même bord.

Pattes d'épaule. — En drap du fond, passepoilées en drap écarlate, prises à leur naissance dans la couture de l'emmanchure et arrêtées près du collet par un petit bouton d'uniforme.

Longueur selon la taille de l'homme, environ 150^{mm}.

Patte de ceinturon. — En drap du fond, passepoilée en drap écarlate, et placée sur le côté gauche à l'aplomb de l'aisselle. Son pied est pris dans la couture d'assemblage de la jupe au corsage. La partie supérieure arrondie, est percée d'une boutonnière en drap pour recevoir un petit bouton d'uniforme cousu sur le corsage qui, en cet endroit, est renforcé par une rondelle en cuir appliquée sur la doublure.

La patte doublée en drap du fond est garnie d'une bande en veau noirci (longueur 100^{mm}) qui commence à 20^{mm} du bas de la boutonnière et se replie sur le corsage; elle est solidement arrêtée au bas.

Doublure. — Le corsage et les manches sont doublés en toile de coton. Un petit soufflet d'environ 40^{mm} de long sur 25^{mm} de large est pratiqué dans la doublure sur le devant de la couture d'emmanchure pour donner, par son élasticité, plus d'aisance aux mouvements des bras. La doublure des devants doit arriver au-dessous du parementage jusqu'au delà des boutonnières et être surjetée avec le passepoil.

Les parementages, en drap du fond, des devants du corsage et de la jupe ainsi que la doublure du collet peuvent être en deux morceaux solidement assemblés.

Toutes les piqûres sont faites au cordonnet de soie.

Dimensions invariables :

Collet		Hauteur		0^{m},035
		Abatage		0^{m},030
Pattes de collet		Longueur		0^{m},060
		Largeur	aux pointes latérales	0^{m},030
			à leur naissance	0^{m},030
			au milieu	0^{m},018
Devants. — Distance de la tête des boutonnières au bord des devants.				0^{m},015
Dos	Soubises	Hauteur depuis le sommet de la tête jusqu'à la pointe saillante		0^{m},130
		Largeur	de la tête prise aux pointes	0^{m},040
			de la pointe saillante au 2e bouton	0^{m},030
			entre la tête et cette dernière pointe	0^{m},015
			au-dessous de cette pointe et jusqu'au bas	0^{m},010
	Distance entre les deux boutons de la taille, environ			0^{m},075
	Largeur environ de la basque	en haut		0^{m},050
		en bas		0^{m},090

Manches. — Largeur	à la saignée		$0^m,190$
	au bord inférieur du parement.		$0^m,150$
Parements	Hauteur	courante apparente	$0^m,055$
		à la pointe	$0^m,110$
	Rempli		$0^m,020$
Patte de ceinturon	Hauteur apparente		$0^m,110$
	Plus grande largeur de la tête		$0^m.040$
	Largeur au bas		$0^m,050$
Poches	Ouvertures		$0^m,200$
	Profondeur en contre-bas de la fente, taille moyenne		$0^m,120$
	Longueur totale		$0^m,320$
	Largeur	en haut	$0^m,060$
		en bas	$0^m,160$
Pattes d'épaules, largeur	à la couture d'emmanchure		$0^m,060$
	à la tête arrondie		$0^m,035$
Parementages en drap	des devants, largeur, environ		$0^m,070$
	de la jupe, largeur environ.	en haut	$0^m,060$
		en bas	$0^m,030$
	des poches	Hauteur, environ	$0^m,200$
		Largeur environ... en haut	$0^m,025$
		Largeur environ... en bas	$0^m,035$

Sous-officiers rengagés. — La tunique confectionnée en drap de sous-officier rengagé est semblable à celle décrite ci-dessus, sauf les modifications suivantes :

Corsage. — Au bas du corsage est fixée une ceinture en basane rouge, faisant le tour de la taille. Cette ceinture formée de deux morceaux dont la hauteur est de 70^{mm} environ, près du bord de chaque devant, va en diminuant jusqu'au milieu du dos pour arriver, à cet endroit à une hauteur de 40^{mm}.

A 180^{mm} de chaque extrémité de la ceinture est solidement cousue, à sa partie taillée en pointe, une patte en même basane doublée en drap du fond (longueur de la partie libre 100^{mm}, hauteur 55^{mm}).

Au bord vertical de la patte droite sont arrêtées deux agrafes, en fer verni noir, également espacées ; ces agrafes viennent s'engager dans les deux porte-agrafes de même métal fixés à la patte gauche.

Doublures. — Le corsage et les manches sont doublés en croisé de coton mastic.

Poches. — Les poches placées sur le derrière de chaque pan de jupe sont en croisé de coton noir.

Collet. — Le collet en drap du fond (hauteur 32^{mm}) est coupé carrément par devant ; les bords verticaux étant toutefois légèrement abattus (3^{mm} environ) à leur partie supérieure, de manière à laisser au cou la liberté des mouvements lorsque le collet est agrafé. Une piqûre en soie règne parallèlement et à 3^{mm} de ses bords.

Le collet, doublé en drap du fond, reçoit à l'intérieur, une bande de cuir lissé, très souple d'une épaisseur de 2^{mm} environ. Sur la doublure et au milieu est placé un ruban plat, en soie noire (largeur 18^{mm}) rabattu tout autour, et dont les extrémités arrivent à 15^{mm} des bords du collet. Ce ruban sert à fixer cinq doubles boutons en métal blanc, arrêtés par quelques points de couture; les deux premiers sont à 30^{mm} en arrière des bords verticaux du collet; les trois autres également espacés entre eux; la tête apparente des cinq boutons est destinée à recevoir un col droit, en toile blanche, percé à sa partie inférieure d'un même nombre de trous.

Le col blanc (hauteur 28^{mm}) est coupé carrément par devant; il ne doit dépasser le collet de la tunique, de tous côtés, que de 2^{mm} environ.

Chaque angle du collet est orné d'une patte horizontale taillée en fer de lance (longueur 60^{mm}, largeur aux pointes latérales et à la naissance 25^{mm}; au milieu 15^{mm}). Elle est en drap écarlate et porte au milieu de ses trois pointes un petit bouton d'uniforme.

Le collet se ferme au moyen de deux agrafes en fer verni noir.

Parementages. — Des dimensions actuelles.

Les divers parementages en drap, ainsi que la doublure du collet peuvent être en deux ou trois morceaux solidement assemblés.

Boutons. — Du modèle du prytanée avec coquille en plaqué or sertie sur un culot en zinc.

Article 38. — **Veste.**

En drap de sous-officier, bleu foncé du modèle de la cavalerie. Le collet est arrondi comme celui de la tunique. Il est sans aucun passepoil, mais orné d'une patte en drap écarlate coupée en accolade (longueur mesurée à la pointe du milieu $0^{m},040$, hauteur $0^{m},030$).

Les boutons sont à l'uniforme du Prytanée (article 67).

Article 39. — **Marques distinctives.**

Mêmes marques distinctives que pour la cavalerie légère, mais les galons métalliques sont en or.

SECTION II.

COIFFURE.

Article 40. — **Bonnet de police.**

Du modèle général de la cavalerie.

Article 41. — **Képi.**

Du modèle des cavaliers de remonte, mais confectionné en drap de sous-officier, avec les différences suivantes : le turban est en drap gris de fer foncé, le bandeau en drap bleu foncé et les cordonnets passepoils en laine écarlate. Il n'est placé sur le devant du bandeau aucun attribut. Petits boutons à l'uniforme du Prytanée (article 67).

Sous-officiers rengagés. — Semblable à celui des sous-officiers rengagés des cavaliers de remonte, sauf les différences mentionnées ci-dessus. Les petits boutons (diamètre 10^{mm}) sont en métal doré.

SECTION III.

CHAUSSURE.

Article. 42. — Bottines.

Du modèle affecté aux corps de cavalerie.

SECTION IV.

GRAND ÉQUIPEMENT.

Article 43. — Ceinturon.

Du modèle des sapeurs conducteurs du génie, avec plaque unie et sans grenade.

Sous-officiers rengagés. — Même modèle que celui décrit ci-dessus, mais en cuir verni noir avec plaque et accessoires en cuivre doré.

Article 44. — Dragonne.

Du modèle de la cavalerie.

Sous-officiers rengagés. — Du modèle adopté pour les sous-officiers rengagés de la cavalerie.

SECTION V.

EFFETS DE PETIT ÉQUIPEMENT ET DE PANSAGE

Article 45. — Effets divers.

Des modèles en usage dans la cavalerie.

SECTION VI.

ARMEMENT.

Article 46. — Sabre.

Sabre de cavalerie légère, modèle 1882 ou 1822.

TITRE VI.

AGENTS SECONDAIRES CIVILS.

SECTION Ire.

HABILLEMENT.

ARTICLE 47. — **Gilet en drap.**

En drap de sous-officier bleu foncé du modèle dit à châle, boutonnant au moyen de cinq petits boutons en étain à l'uniforme de l'Ecole (article 67).

Les poches de devant, d'une hauteur moyenne de $0^m,11$, sont garnies d'une patte montante de $0^m,02$ de hauteur.

Les doublures sont en toile de coton ; sur le derrière du gilet sont fixées deux martingales, en toile de coton redoublée sur elle-même de $0^m,24$ environ de longueur.

ARTICLE 48. — **Pantalon en drap.**

En drap de sous-officier, bleu foncé, du modèle général du pantalon d'ordonnance de la cavalerie. Toutes les doublures sont en toile de coton, à l'exception de la garniture du bas des jambes qui est en toile de lin.

ARTICLE 49. — **Pantalon en treillis.**

Semblable quant à la forme et aux détails de confection au pantalon de drap. Ses dimensions en largeur et en hauteur sont un peu supérieures à celles de ce pantalon pour une même taille.

La garniture du bas de la jambe est en toile de coton.

ARTICLE 50. — **Redingote.**

En drap de sous-officier, bleu foncé, croisée, fermant sur la poitrine au moyen de cinq gros boutons en étain à l'uniforme de l'Ecole (article 67), collet et revers rabattus, piqués sur les bords. Une toile forte est placée à l'intérieur. Le cran de revers a $0^m,07$ de largeur et celui du collet $0^m,05$.

Le dos est de deux morceaux, ses basques sont repliées et piquées sur les bords; des pattes de poches sont placées dans les plis des jupes pour simuler l'entrée; elles sont garnies dans le bas de deux boutons d'uniforme et de deux autres à la taille; des poches en toile de coton sont placées sous les basques.

Les devants ainsi que la jupe sont parementés en drap sur

une longueur d'environ $0^m,19$ en haut, $0^m,12$ à la taille et $0^m,03$ au bas.

Les manches sont en deux pièces, les parements sont droits sans fente sur le côté.

Les doublures et les poches sont en toile de coton.

Article 51. — Veste en drap.

En drap de sous-officier, bleu foncé; elle se boutonne au moyen d'un seul rang de boutons.

Le collet et les revers sont piqués et rabattus; une toile forte est placée à l'intérieur. Chaque devant porte une poche dont l'ouverture est passepoilée. La veste est en outre garnie d'une poche à portefeuille placée sous le devant de gauche.

Les manches sont en tout point semblables à celles de la redingote.

La veste est longue et parementée sur tous ses bords. Les parementages des devants mesurent environ $0^m,15$ en haut et $0^m,12$ en bas. Le parementage du bas de la veste présente une largeur moyenne de $0^m,47$.

Les doublures et les poches sont en toile de coton.

Article 52. — Veste en treillis.

Du modèle de la veste en drap. Les boutons qui la garnissent sont en os blanc. Les devants sont parementés en treillis sur une largeur de $0^m,15$ environ à la partie supérieure et de $0^m,03$ à la partie inférieure.

Le bas de la veste est remplié en dedans de $0^m,03$.

SECTION II.

COIFFURE.

Article 53. — Casquette en drap.

En drap de sous-officier, bleu foncé, ronde et plate formée d'un bandeau, de quatre pièces de turban et d'un rond de recouvrement relié au turban par un passepoil du même drap entourant un jonc intérieur.

La visière est en cuir verni noir, doublée de basane noire et brodée d'une bande de vernis, piquée et formant jonc. Au-dessus de la visière, une jugulaire double en cuir verni noir est fixée sur le bandeau par deux petits boutons en étain à l'uniforme de l'Ecole (article 67).

A l'intérieur et sous le turban, est placée une couche de ouate destinée à maintenir la forme droite de la casquette, qui est doublée, dans cette partie, avec de la percaline croisée noire. Le fond intérieur est en toile cirée noire.

SECTION III.

MARQUES DISTINCTIVES.

ARTICLE 54. — **Chef de garçons, préposés aux vivres, concierge, garde-magasin et vaguemestre.**

Le collet de la redingote est orné d'une baguette brodée en cannetille d'argent et d'une largeur de $0^m,003$. Elle est brodée sur le collet dans toute sa longueur jusqu'au cran du revers et à $0^m,01$ de son bord. Une baguette semblable est brodée sur le bandeau de la casquette et sur son pourtour à $0^m,005$ au-dessous de la couture qui relie ce bandeau au turban.

IIe PARTIE.

Elèves.

SECTION Ire.

HABILLEMENT.

ARTICLE 55. — Collet-manteau.

Confectionné en drap de soldat bleu foncé. Il se compose d'une rotonde avec un petit collet droit se rabattant.

La rotonde est formée de quatre morceaux, deux réunis par une couture formant le dos; les deux autres, formant les deux devants, sont joints par une couture aux pièces du dos. Les trois coutures doivent être rabattues.

Le collet-manteau présente, de chaque côté, un cran de 20mm. Le devant de gauche est percé de quatre boutonnières en drap, dont l'une à 40mm au-dessous du cran de l'encolure, les trois autres espacées entre elles de 120mm pour recevoir quatre gros boutons d'uniforme cousus à 40mm en dedans du bord.

Une piqûre existe dans toute la longueur de chaque bord des devants. L'encolure et les devants sont parementés en drap du fond; ces parementages peuvent être en plusieurs morceaux.

Le petit collet droit se rabattant est d'un seul morceau et de même drap que le manteau; sa doublure est également en drap du fond; elle est en deux morceaux réunis par le milieu de la hauteur.

Le petit collet est garni à l'intérieur d'une toile à voile piquée avec la doublure en lignes diagonales formant losange. Ce collet est cousu à la partie supérieure de la rotonde; une piqûre règne autour du bord extérieur.

Au pied du collet et en dedans sont placées une forte agrafe et sa porte en fer verni noir assujetties avec beaucoup de solidité; l'agrafe du côté droit, le bec retourné en dedans, la porte du côté gauche, ne laissant passer que le sommet.

Dimensions invariables pour toutes les tailles :

PETIT COLLET.

Hauteur		0m,085
Longueur	1re taille	0m,470
	2e et 3e tailles	0m,450
	4e et 5e tailles	0m,430

ROTONDE.

Largeur......	des devants en bas en ligne droite........	$0^m,760$
	du dos en bas en ligne droite........	$1^m,010$
Parementage	autour de l'encolure, largeur........	$0^m,070$
	autour des devants dans le haut........	$0^m,170$
	autour des devants au bas........	$0^m,060$

Dimensions variables suivant la taille :

		1re TAILLE.	2e TAILLE.	3e TAILLE.	4e TAILLE.	5e TAILLE.
Longueur	sur la couture du dos..	$1^m,050$	$1^m,000$	$0^m,850$	$0^m,800$	$0^m,750$
	sur les coutures joignant les devants avec le dos	$1^m,100$	$1^m,050$	$0^m,900$	$0^m,850$	$0^m,800$
	sur les bords du devant.	$1^m,010$	$0^m,960$	$0^m,810$	$0^m,760$	$0^m,710$

Article 56. — Epaulettes.

L'épaulette est confectionnée en laine écarlate. Elle est montée sur un corps à écusson composé de deux toiles de coton semblables présentant 0 kil. 415 à 0 kil. 430 au mètre carré, 12 ou 13 fils deux brins retordus en trame et 14 à 15 fils trois brins retordus en chaîne au centimètre carré, enduites d'une pâte de caoutchouc sur leurs deux faces, puis réunies ensemble par un collage en caoutchouc pour leur assurer une adhérence complète avec toute la souplesse désirable. Le corps à écusson est ensuite vulcanisé et son épaisseur totale, toile et enduit, est de 2^{mm} à $2^{mm},5$.

Ce corps à écusson est recouvert d'une étoffe tissée façon cul-de-dé à effet de trame.

Une boutonnière d'une longueur de 20^{mm} est tissée dans l'étoffe; elle commence à 12 ou 13^{mm} de l'extrémité du corps de l'épaulette, dont les angles forment deux pans coupés de 20^{mm} de longueur environ.

L'écusson de l'épaulette est entouré de trois tournantes en passementerie; la plus grosse a 9^{mm} de diamètre, doit être très souple et ne faire qu'une très faible saillie dans son attache avec le corps de l'épaulette.

La seconde tournante, appliquée sur l'écusson, est câblée à trois branches serrées et présente un diamètre de 3^{mm} environ; enfin, la troisième tournante, fixée à la naissance des franges, est façonnée comme la seconde, mais elle a 2^{mm} de diamètre environ.

Ces tournantes sont fabriquées avec âme en coton et recouvertes de laine.

La frange est en laine retorse bien épurée de trois à quatre bouts mesurant environ 12/10 de millimètre.

La couleur écarlate est obtenue par la cochenille, la laque dye ou le rouge d'aniline.

Chaque épaulette est doublée en drap bleu foncé; un rectangle en toile de coton, longueur 80mm, largeur 30mm, est cousu en outre mi-partie sur le drap du corps et de l'écusson, à l'effet de recevoir le numéro matricule du détenteur.

Dimensions de l'épaulette confectionnée :

	1re TAILLE.	2e TAILLE.	3e TAILLE.
Longueur du corps mesurée du sommet du corps à la naissance de l'écusson...........	115mm	100mm	90mm
Largeur courante du corps..................	60mm		
Hauteur de l'écusson non compris les tournantes..............................	43mm		
Largeur......................................	88mm		
Hauteur apparente de la frange.............	80mm		
Poids des franges par paire d'épaulettes (environ)...................................	65 grammes.		

ARTICLE 57. — **Pantalon d'ordonnance.**

Confectionné en drap de sous-officier garance, avec ceinture en drap doublée en toile de coton.

Devant est une brayette fermée par quatre boutonnières, pour les première et deuxième tailles, et trois boutonnières à la troisième taille, percées dans une sous-patte en drap, parementée en toile, adaptée sous le devant de gauche; celui de droite porte autant de boutons à barrette. A ce devant de droite est ajoutée une languette triangulaire en drap, doublée en toile, de toute la hauteur de la fente, avec boutonnières dans l'angle, qui se rattache à un bouton cousu sous la ceinture, à gauche. Cette languette sert à mieux fermer la brayette.

La ceinture est d'un seul morceau de chaque côté. Le devant est percé d'une boutonnière, à 15mm environ du bord supérieur, avec bouton en zinc à barrette correspondant, et reçoit, sur la couture, une agrafe se composant d'un crochet et d'une porte, en fil d'acier doux n° 13, entièrement nickelé (1). Les deux extrémités du derrière de la ceinture

(1) La pose de cette agrafe est faite de la manière suivante :

1° Placer un droit fil en toile à doublure d'environ 68mm de côté sur le bord du devant gauche de la ceinture et à l'intérieur, lequel devra être surjeté sur la couture de la ceinture.

Fixer, en surjets, au même endroit le haut de la sous-patte en drap de la brayette, la doublure de la sous-patte doit se prolonger à 10mm environ au-dessus de ce surjet.

Faire passer dans les anneaux du crochet une bandelette de toile à dou-

sont réunies par un soufflet triangulaire. Elle porte quatre boutons pour l'attache des bretelles. Elle est doublée en toile de coton.

Deux martingales en drap, doublées en toile, sont cousues au-dessous de la ceinture, à l'endroit des reins. Celle de gauche porte une boucle, en fer verni, cousue à demeure. Un parementage en toile est appliqué en dedans sous l'attache de chaque martingale.

Le pantalon monte de manière à bien emboîter les hanches et arrive à égale distance entre le nombril et le creux de l'estomac; il tombe droit sur le cou-de-pied sans y former de plis; le derrière, légèrement convexe, descend à environ 10^{mm} du talon de la chaussure. Le devant est échancré du bas d'environ 15^{mm}, plus ou moins, selon la conformation du cou-de-pied, pour le dégager. Le bord inférieur est ourlé en dedans sur 10^{mm} environ; il est parementé tout autour, en toile de lin, sur une hauteur de 60^{mm} environ.

Sur chaque côté du pantalon est une poche de cuisse en toile. Leur entrée présente une fente qui se confond avec la couture du pantalon.

Le pantalon est garni, intérieurement, d'un entre-jambes en toile de quatre morceaux. Les deux de derrière sont des quarts de cercle d'environ 120^{mm} de rayon; ceux de devant ont la même forme au bas et la même largeur, et vont en diminuant jusqu'à la ceinture, où ils n'ont que 50^{mm} de large environ. Le pantalon se porte avec des bretelles et sans sous-pieds. Tous les boutons sont en zinc, de la forme dite à barrette.

Le devant et le derrière sont coupés à poil descendant.

On tolère de petites pointes à l'enfourchure ainsi qu'une hausse dans l'assemblage du derrière et de la ceinture.

---

blure formant enchapure (longueur apparente de la bandelette, 40^{mm} environ; largeur, 15^{mm} environ); coudre solidement sur le droit fil et au milieu de la couture de la ceinture cette bandelette munie du crochet d'attache de l'agrafe; ensuite arrêter très solidement le crochet avec du gros fil tout autour des anneaux et à sa partie antérieure.

Le crochet doit être placé à 2^{mm} ou 3^{mm} en dedans de la ceinture. Rabattre la doublure de la ceinture de manière à ne laisser apparente à l'intérieur du pantalon que la tête recourbée du crochet;

2° Placer sur le bord du devant droit de la ceinture un droit fil en toile à doublure cousu, comme il est dit plus haut pour le côté gauche; percer deux petits trous, l'un dans le devant du pantalon, l'autre dans la ceinture, pour donner passage à la porte en métal dont un anneau est ouvert à cet effet.

Arrêter très solidement la porte par une bandelette de toile semblable à celle du crochet et des points d'arrêt faisant le tour des anneaux. Rabattre sur la bandelette d'attache de la porte les doublures de la brayette et de la ceinture de pantalon.

La tête de la porte doit arriver à 18^{mm} à droite de la couture d'assemblage de la languette en drap de la braguette et laisser une ouverture apparente d'environ 3^{mm} sur le pantalon pour permettre le jeu de l'agrafage; le coude du crochet de l'agrafage doit effleurer le bord vertical de la ceinture.

Toutes les piqûres sont faites au cordonnet de soie de même couleur que le drap.

Dimensions invariables :

Languette triangulaire, largeur en haut (environ)			0m,070
Ceinture, hauteur (environ)	par devant		0m,050
	par derrière		0m,030
Soufflet	Largeur en haut (environ)		0m,060
	Longueur du côté (environ)		0m,140
Martingales	Longueur apparente (environ)	celle de droite	0m,150
		celle de gauche	0m,100
	Largeur (environ)	à la base	0m,040
		à l'extrémité	0m,030
Poches de cuisses	Largeur (environ)	en haut près de la ceinture	0m,060
		plus grande largeur au fond arrondi	0m,170
	Ouverture (environ), hauteur		0m,160
	Distance de l'arrêtement à la ceinture (environ)		0m,050
Parementages	En drap des poches largeur	du côté qui touche à la cuisse (environ)	0m,045
		du côté opposé (environ)	0m,030
	En toile des martingales	longueur (environ)	0m,100
		hauteur (environ)	0m,050
Hausse du derrière, hauteur maximum	à la couture du côté		0m,020
	du soufflet		0m,080

Dimensions variables suivant la taille :

		1re taille.	2e taille.	3e taille.
Largeur du pantalon plié en deux (environ)	vis-à-vis de l'enfourchure	0m,340	0m,320	0m,300
	au genou	0 250	0 230	0 220
	au bas	0 240	0 230	0 210
Poches de cuisses, hauteur totale		0 360	0 350	0 340

Article 58. — **Pantalon d'ordonnance basané.**

A la fin de la dernière année de service, le pantalon d'ordonnance des élèves de la 1re section, 1re compagnie (candidats à Saint-Cyr), est basané en drap.

Le basanage du pantalon consiste à le garnir, entre les jambes, d'un second drap de même espèce, qui remonte en pointe par devant jusqu'au bord supérieur de la ceinture, et qui s'étend sous le siège à 260mm environ au-dessus de la couture d'entre-jambes.

Cette garniture descend le long des jambes jusqu'au bas du pantalon. Elle est appliquée au moyen d'une couture à points perdus parallèle au bord, qui est remployé en dedans et rabattu.

Au bas de chaque jambe et de chaque côté du pantalon

basané est placé un bouton en cuivre à deux têtes (diamètre de la tête, 17^{mm}) pour arrêter les sous-pieds.

L'une des deux têtes de chaque bouton est apparente en dedans ; l'autre est engagée dans une rondelle en cuir qui la tient appliquée contre le pantalon.

Toutes les piqûres sont faites au cordonnet de soie, de même couleur que le drap.

Article 59. — **Pantalon de prison.**

En drap gris bleuté de soldat.

Semblable comme coupe et détails de confection au pantalon d'ordonnance décrit à l'article 57.

Article 60. — **Pantalon en treillis.**

Confectionné en treillis et doublé en toile de coton.

De même forme que le pantalon d'ordonnance.

Poches en toile de coton.

La martingale portant la boucle est percée, à son extrémité libre, d'une boutonnière avec bouton en os correspondant, cousu en dessous de la martingale, dans le pli de laquelle vient s'engager la partie postérieure de la boucle, qui pourra ainsi s'enlever ou se replacer à volonté, avant et après le lavage de l'effet.

Il est rempli par le bas de chaque jambe en 40^{mm} de hauteur ; il se porte avec des bretelles et sans sous-pieds, sauf pour les élèves de la 1re compagnie qui suivent les cours d'équitation.

Ce pantalon est, par le bas, de 40^{mm} plus long que celui d'ordonnance pour le même élève, et toutes les dimensions de largeur sont augmentées de 30^{mm}.

Les boutons sont en os blanc et à trous.

Toutes les coutures sont surfilées.

Article 61. — **Tunique.**

Corsage. — En drap bleu foncé de sous-officier, fermé sur la poitrine au moyen de deux revers croisant l'un sur l'autre, et arrêté de chaque côté par une rangée de 7, 6 ou 5 gros boutons d'uniforme, suivant la taille, également espacés entre eux. Les boutonnières correspondantes sont en drap, bordées aux deux extrémités. Le bord de chaque revers est passepoilé en drap garance, et sa pointe supérieure, rentrée de 10^{mm} environ, est légèrement arrondie.

Le dos est d'un seul morceau.

Jupe. — En drap du fond formée de deux pans, chacun de deux morceaux, un devant et un derrière, assemblés par une couture verticale passepoilée en drap garance dans le prolongement de celle du dos du même côté.

Le bas de la jupe doit, pour la première et la deuxième taille, arriver à environ 240^{mm} de terre, et pour la troisième taille à environ 200^{mm}, l'élève étant à genou.

Les deux pans de jupe sont montés de manière à croiser l'un sur l'autre de 150^{mm} environ par le bas en avant. Par derrière, le pan de gauche recouvre celui de droite de 45^{mm} environ par le haut où il forme un cran de 20^{mm} pris dans la couture de ceinture et consolidé par un passement intérieur pour prévenir les déchirures.

Au bas, ces pans se croisent de 70^{mm} environ.

La couture d'assemblage des deux parties de chaque pan de jupe est ornée d'un gros bouton d'uniforme.

Sous le derrière de chaque pan de jupe est une poche en toile noire dont l'entrée verticale est en dessous et parementee en drap. Au-dessous de son entrée le bord de la poche est cousu jusqu'au bas contre la couture d'assemblage des pans de jupe.

Collet. — En drap du fond, légèrement arrondi aux angles avec passepoil en drap garance. Au pied se trouve une agrafe. Doublure en drap bleu foncé ; à l'intérieur une forte toile et une autre à doublure ordinaire.

Manches. — D'une longueur telle que, l'élève ayant les bras étendus horizontalement, le bord interne du parement arrive au pli du poignet contre la main. Leur largeur doit permettre avec facilité tous les mouvements du bras, et le poing fermé doit pouvoir passer par leur ouverture inférieure.

Elles n'ont ni fentes ni boutons. Elles se terminent par un parement droit, passepoilé en drap garance sur son bord supérieur seulement.

Brides. — En drap garance. Doublure formant passepoil en drap du fond.

Elles doivent être cousues sur le vêtement de manière que l'épaulette soit placée bien droite sur l'épaule, l'extrémité du corps de l'épaulette à environ 10^{mm} de la couture d'encolure et les brides appuyant exactement par les deux extrémités conre les tournantes.

Les brides et le petit bouton d'uniforme cousus de chaque côté, à 25^{mm} environ, servent à arrêter les épaulettes.

Le corsage et les manches sont doublés en toile de coton : une poche dite de portefeuille est placée à l'intérieur sur le côté gauche.

La doublure des devants doit arriver au-dessous du parementage jusqu'au delà des boutonnières et être surjetée avec le passepoil.

Les devants du corsage sont parementés en drap du fond, de manière que ce parementage reçoive et consolide l'attache des boutons de la croisure.

La doublure du collet et les divers parementages peuvent être en deux ou trois morceaux solidement assemblés.

Toutes les piqûres sont faites au cordonnet de soie, de même couleur que le drap.

Après une année de service, la tunique est transformée en veste.

Dimensions invariables :

Devants..	Distance horizontale entre les deux rangées de boutons mesurée de centre en centre, environ........	en haut............	0m,110
		en bas.............	0m,095
	Distance de la tête des boutonnières, au bord des revers, environ..................................		0m,015
Collet.....	Hauteur apparente..................................		0m,030
	Abatage..................................		0m,030
Parements.—Hauteur	apparente..............................		0m,065
	du rempli..............................		0m,020
Brides. — Largeur..................................			0m,012
Poche de portefeuille. — Largeur et profondeur, environ............			0m,150
Parementage en drap des devants du corsage, largeur environ..........................		en haut............	0m,140
		en bas............	0m,120

Article 62. — **Veste en drap.**

Confectionnée en drap bleu foncé de sous-officier. Boutonnant droit sur la poitrine au moyen de 9, 8 ou 7 petits boutons d'uniforme suivant la taille, également espacés avec boutonnières correspondantes faites en drap.

Doublure en toile de coton sans aucun rembourrage ni garniture, sauf une forte toile et une autre à doublure dans l'intérieur du collet.

Une poche dite de portefeuille est placée à l'intérieur sur le côté gauche.

Passepoils en drap garance.

Devants. — Le devant de droite, qui porte les boutons, s'engage sous celui de gauche d'environ 60mm à partir du centre des boutons. Ils sont parementés en drap du fond. La tête des boutonnières est à 15mm environ en dedans du bord.

Les parementages peuvent être en deux morceaux.

Les devants de la veste sont garnis à hauteur de la taille chacun d'une poche en toile noire, s'ouvrant extérieurement; l'ouverture de la poche est bordée d'une patte, solidement fixée au devant au moyen de deux piqûres à chaque extrémité.

Dos. — D'une seule pièce; sa largeur est proportionnée à la grosseur de l'élève, son bord inférieur est légèrement convexe.

Jupe. — En drap du fond, formée de deux pans chacun d'un seul morceau, assemblés au dos par une couture verticale et aux devants par une couture horizontale, parementés intérieurement en drap du fond.

Une fente, également parementée et passepoilée, est pratiquée au bas de la veste de chaque côté du dos.

Collet. — Semblable à celui de la tunique.

Manches. — Semblables à celles de la tunique.

Toutes les piqûres sont faites au cordonnet de soie, de même couleur que le drap.

Dimensions invariables :

Poche de portefeuille. — Largeur et profondeur, environ			$0^m,150$
Paremen-tage	des devants	Celui de droite, largeur	$0^m,110$
		— gauche sur toute la hauteur, largeur	$0^m,070$
	des pans de la jupe. — Hauteur, environ		$0^m,040$
Poches extérieures	Patte d'ouverture.	Hauteur, environ	$0^m,035$
		Longueur. en haut	$0^m,180$
		Longueur. en bas	$0^m,185$
	Distance de leur bord supérieur au bas de la veste		$0^m,215$
Fentes de côté.	Hauteur		$0^m,075$
	Distance de la couture verticale d'assemblage		$0^m,120$

Article 63. — **Veste de prison.**

En drap gris bleuté de soldat; doublée en toile de coton.

Sa longueur est telle que son bord inférieur descende uniformément dans tout son pourtour à environ 80^{mm} au-dessous de la saillie des hanches.

Les devants croisent l'un sur l'autre au moyen de deux rangées chacune de 6 petits boutons d'os noir.

Le collet est arrondi et échancré de chaque côté par devant.

Les manches n'ont ni fentes ni boutons; elles se terminent par un parement droit.

Une poche dite de portefeuille est placée à l'intérieur sur le côté gauche.

Toutes les piqûres sont faites au cordonnet de soie, de même couleur que le drap.

Dimensions invariables :

Devants, distance horizontale entre les deux rangées de boutons	En haut	$0^m,140$
	En bas	$0^m,100$
Collet	Hauteur	$0^m,030$
	Abatage, environ	$0^m,030$
Parements. — Hauteur	apparente	$0^m,060$
	du rempli	$0^m,020$
Poche de portefeuille.	Largeur, environ	$0^m,160$
	Profondeur, environ	$0^m,180$

Article 64. — **Veste en treillis.**

En treillis, entièrement doublée de toile de lin.

Elle se compose d'un dos en deux morceaux; de deux petits côtés et de deux devants.

Les devants croisent l'un sur l'autre au moyen de deux rangées chacune de cinq boutons d'os blanc à trous.

Le collet est arrondi et échancré de chaque côté par devant;

il est doublé en treillis. Au pied du collet est placée une agrafe en métal blanc, avec porte de 12^{mm} environ de bec.

A la partie supérieure du revers et à la naissance du collet est pratiqué un suçon de 90^{mm} de longueur.

Les manches sont en deux morceaux, avec parements droits.

Une fente de 120^{mm} de longueur totale est pratiquée du côté externe au bas de chaque manche; cette fente traverse le parement et se prolonge à 50^{mm} au-dessus. Elle se ferme au moyen d'un bouton en os blanc à trous et d'une boutonnière correspondante, faite à 50^{mm} du bas du parement; l'extrémité de la fente est solidement arrêtée par deux piqûres parallèles.

Sous l'emmanchure et sur la pièce du devant est pratiquée une ouverture d'environ 150^{mm} de longueur, rempliée et bridée à ses extrémités.

Les parementages des devants de la veste peuvent être en deux morceaux solidement assemblés.

Une poche horizontale est placée en dehors de chaque côté : l'ouverture des poches est bordée d'une patte consolidée à chaque extrémité par une bride d'arrêt.

Une piqûre est faite tout autour de la veste et à 7^{mm} environ de ses bords.

Dimensions invariables.

Devant, distance horizontale entre les deux rangées de boutons	en haut, environ		0^{m},120
	au milieu, environ		0^{m},110
	en bas, environ		0^{m},060
Collet	hauteur		0^{m},030
	abatage		0^{m},035
Parements. Hauteur (environ.)	apparente		0^{m},070
	du rempli		0^{m},015
Parementage des devants, largeur	en haut		0^{m},120
	en bas		0^{m},090
Poches extérieures — Pattes d'ouverture	hauteur		0^{m},045
	longueur	en haut	0^{m},180
		en bas	0^{m},170
Poches extérieures	Distance de leur bord supérieur au bas de la veste		0^{m},160

Dimensions variables suivant la taille.

		1re TAILLE.	2e TAILLE.	3e TAILLE.
Collet. — Longueur		0m,420	0m,400	0m,380
Dos. — Longueur à partir de la base du collet		0 620	0 580	0 540
Devant. — Longueur à partir de la base du collet (en ligne directe)		0 560	0 520	0 480
Demi-largeur	sous les bras du milieu du dos (à 0m,200 de la base du collet) jusqu'au bord du devant	0 640	0 600	0 560
	de ceinture (prise à 0m,100 du bas de la veste) jusqu'au bord du devant	0 540	0 520	0 500
Manches.	Longueur prise de l'emmanchure, en suivant la couture	0 660	0 620	0 590
	Largeur — en haut	0 210	0 200	0 190
	Largeur — au coude	0 190	0 1[illegible]0	0 190
	Largeur — au bas	0 140	0 140	0 140

Article 65. Boutons d'uniforme.

Demi-bombés, formés d'une coquille en tombac estampée en relief d'un faisceau d'armes ressortant sur quatre drapeaux croisés et sertie sur un culot en tombac à queue de cuivre rivée. Cet attribut est entouré de la légende « Prytanée militaire ».

Un filé uni de 1mm de largeur orne le bord du bouton.

Diamètre	gros boutons	0m,021
	petits boutons	0m,015
Flèche de convexité.	gros boutons	0m,007
	petits boutons	0m,005

SECTION II

GALONS ET MARQUES DISTINCTIVES

Article 66. — Galons.

Le galon d'or est le même que celui du cadre.

Le galon de laine est de couleur orange, façon à lézardes en 22mm. Le mètre doit peser de 17 à 19 grammes.

Article 67. — Marques distinctives.

Sergent-major. — Sur chaque manche 2 galons d'or de 200mm de longueur sont cousus sur un morceau de drap garance.

Fourrier. — Sur chaque manche 1 galon d'or de 250mm de longueur est cousu sur un morceau de drap garance.

Sergent. — Sur chaque manche 1 galon d'or de 200mm de longueur est cousu sur un morceau de drap garance.

Caporal. — Sur chaque manche sont cousus 2 galons de laine de 200mm de longueur, faufilés à chaque extrémité pour les empêcher de s'effiler et réunis par un point.

Pour les galons d'or, le drap doit déborder tout autour d'environ 2mm; les galons de sergent-major et de caporal sont espacés d'environ 3mm.

Les galons sont posés de la même manière que dans le corps d'infanterie.

SECTION III.

COIFFURE.

Article 68. — **Képi.**

Le képi se compose d'un bandeau, d'un turban, d'un calot, d'une fausse jugulaire en cuir, d'une visière, d'une carcasse et d'un pourtour intérieur.

Bandeau. — Il consiste en une bande de drap bleu foncé.

Turban. — Il est formé de quatre pièces verticales en drap garance, coupées à poil descendant, assemblées avec le calot, le bandeau et entre elles par des coutures recouvertes d'un passepoil en drap bleu foncé.

Calot. — En drap garance, de forme ronde, légèrement renfoncé dans les bords du turban, qui forme sur son pourtour une saillie d'environ 10mm.

Une ganse perlée, formant passepoil bleu foncé, est cousue autour et à 5mm environ du calot, sous lequel viennent se perdre les quatre passepoils en drap qui recouvrent les coutures du turban.

Le calot est garni intérieurement d'un morceau de basane noire qui en recouvre toute la surface. Entre le drap du calot et la basane noire est placé un rond de carton destiné à maintenir, avec la carcasse, la forme du képi. Ce rond est pris en surjet avec le drap et la basane du calot.

Fausse jugulaire. — Sur l'assemblage de la visière et du bandeau est placée une fausse jugulaire composée d'une bande de veau vernie fixée sur le képi à l'aide de deux petits boutons noirs, vernis (diamètre 13mm), cousus à droite et à gauche du bandeau.

Pour les sous-officiers, la fausse jugulaire est en or façon dite en traits côtelés; elle est garnie de 2 passants et de 2 petits boutons à l'uniforme du Prytanée, plaqués or, diamètre 10mm.

Visière. — La visière, en cuir de vache, est taillée dans

du cuir bien franc, recouvert du côté de la chair de l'enduit qui précède ordinairement le vernissage et d'un autre enduit glacé et brillant, et la tranche ainsi que le dessous sont noircis.

Son développement extérieur est proportionné à la pointure ; pour celle moyenne, il est de 340^{mm}.

Carcasse. — La carcasse est en toile de lin imprégnée de l'enduit russe ; elle est coupée en deux morceaux se croisant d'environ 0^{m},010 et réunis par quelques points de couture. Elle se place entre le drap et le pourtour en basane.

Pourtour. — Le pourtour intérieur est en basane noire, façon chèvre.

Les pointures varient de 0^{m},52 à 0^{m},60 par centimètre et demi-centimètre.

Le képi est entièrement confectionné en drap de sous-officier.

Toutes les piqûres sont faites au cordonnet de soie, de même couleur que le drap.

Dimensions invariables :

Bandeau	Hauteur apparente		0^{m},040
Calot	Diamètre pour les pointures	54 et au-dessous	0^{m},140
		55 et 56	0^{m},145
		57 et au-dessus	0^{m},150
	Distance entre la ganse du calot et la couture d'assemblage avec le turban		0^{m},005
Fausse jugulaire en cuir, largeur			0^{m},015
Fausse jugulaire en or.	Longueur apparente		0^{m},300
	Largeur		0^{m},006
Visière	Epaisseur, environ		0^{m},004
	Largeur, au milieu		0^{m},045
Pourtour	Hauteur		0^{m},055

SECTION IV.

CHAUSSURE.

Article 69. — **Brodequins.**

Ces brodequins conformes au modèle-type adopté par le Prytanée, se ferment au moyen d'une boucle au-dessus du cou-de-pied.

Ils sont confectionnés sur deux formes : l'une pour le pied droit, l'autre pour le pied gauche.

Les empeignes et quartiers sont en croupon de vache corroyé, nourri et noirci sur chair parfaitement tanné. Chaque pièce d'un seul morceau est munie d'un tirant en vache corroyée d'une largeur de 25^{mm} et d'une hauteur apparente de 75^{mm} fixé antérieurement. Le quartier, d'une hauteur de 120 à 150^{mm}, suivant la taille, est renforcé dans sa partie inférieure par un contrefort extérieur également en croupon de vache de bonne qualité, d'une hauteur de 30 à 35^{mm} sur les côtés et de 50 à 55^{mm} derrière.

Le joignage de l'empeigne avec le quartier et le contrefort doit être à points serrés, et l'empeigne et le quartier sont réunis entre eux par un morceau de cuir de veau très souple en pointe formant soufflet, d'une largeur d'environ 80 à 90^{mm} et d'une hauteur de 100 à 120^{mm} suivant la pointure.

La semelle extérieure, dite seconde semelle, est en cuir de bœuf bien tanné, bien battu et d'un seul morceau dans toute sa longueur.

Le dernier morceau de cuir formant le talon, et appelé bon bout, est en cuir de même force et qualité que celui de la semelle extérieure. Le nombre de sous-bouts ne doit pas dépasser 4 y compris le fer à cheval, et le talon est d'une hauteur de 20 à 25^{mm} et confectionné selon la forme dite anglaise.

La semelle intérieure, dite première semelle, est d'un seul morceau en cuir de vache lissé, ordinaire, bien tanné, souple et d'une épaisseur de 2 à 3^{mm}.

La trépointe ou âme est comme la semelle première en vache lissée, d'un seul morceau de cuir de 2^{mm},5 d'épaisseur.

Chaque semelle est garnie de 30 à 50 clous, suivant les pointures.

Chaque talon est renforcé de 30 à 40 chevilles suivant les pointures.

Les coutures doivent être faites avec beaucoup de soins et les points suffisamment serrés et rapprochés.

SECTION V.

GRAND ÉQUIPEMENT.

ARTICLE 70. — **Bretelle de fusil scolaire.**

Du modèle général de l'infanterie, sauf les dimensions qui sont les suivantes :

Bretelle	Longueur, non compris l'enchapure	0^{m},800
	Largeur, environ	0^{m},025
	Epaisseur, environ	0^{m},0025
Boucle	Largeur, environ	0^{m},025
	Hauteur, avant d'être enchapée	0^{m},009
	Diamètre de la baguette	0^{m},0025
Bouton	Diamètre	0^{m},011

ARTICLE 71. — **Ceinturon pour fusil scolaire.**

Du modèle général de l'infanterie, sauf les dimensions qui sont les suivantes :

Ceinturon ...	Longueur, environ	$0^m,900$
	Largeur, environ	$0^m,040$
	Epaisseur, environ	$0^m,002$ à $0^m,0025$
Plaque	Hauteur	$0^m,05$
	Largeur	$0^m,045$

SECTION VI.

PETIT ÉQUIPEMENT.

ARTICLE 72. — Bretelles de pantalon.

Le corps de la bretelle est en tissu de coton élastique à 29 côtes, dont deux grosses formant lisière, écru à l'endroit, blanc à l'envers, de 35^{mm} environ de largeur; il se compose de deux devants et d'un dos.

Les deux bandes de devant, coupées en biseau à leur jonction, sont réunies ensemble par des points de surjet; leur partie inférieure est également surjetée avec la bande du dos et forme ainsi une sorte d'Y, dont le point de jonction est consolidé par une chape en basane blanche double de 1^{mm} environ d'épaisseur chacune, avec doublure de 7 à 10/10e de millimètre, cousue à deux piqûres sur tout son contour.

A l'extrémité inférieure de la bande du dos est cousue à double piqûre une deuxième chape avec doublure également en basane blanche d'environ 1^{mm} d'épaisseur, dans laquelle sont fixées les pattes en tresse de coton repliées à leur extrémité inférieure pour former boutonnière. Ces pattes ont 105^{mm} de longueur apparente.

A l'extrémité de chacune des bandes de devant est enchapée solidement une boucle nickelée, dans laquelle peut coulisser ce devant, pour permettre l'allongement ou le raccourcissement facultatif de la bretelle; un rabat à pression, qui forme la partie antérieure de cette boucle, permet de fixer à demeure la bretelle à la dimension voulue.

Dans l'œil formé par l'enchapure de la boucle est passé un D en fer nickelé auquel est fixée une chape en basane blanche de 1^{mm} environ d'épaisseur, repliée, cousue à deux piqûres et maintenant des pattes en tresse semblables à celles du dos, mais de 85 et de 95^{mm} environ de longueur apparente, la patte la plus courte à l'extérieur.

Les bretelles sont confectionnées sur trois tailles :

1re taille....	1^m	mesurées de l'extrémité des pattes en tresses du devant à l'extrémité des pattes du dos.
2e taille....	$0^m,900$	
3e taille....	$0^m,800$	

Les pattes à boutonnières ont les mêmes dimensions pour les trois tailles.

Les boucles, les chapes et les pattes en tresse sont semblables à celles du modèle-type.

ARTICLE 73. — **Caleçon de coton.**

Du modèle général de l'infanterie.

Dimensions.

Longueur depuis la ceinture jusqu'au bas des jambes	1re taille, environ	0m,95
	2e —	0m,90
	3e —	0m,75

ARTICLE 74. — **Caleçon de bain.**

En toile de coton avec coulisse à la partie supérieure.

ARTICLE 75. — **Calotte de coton.**

Faite au métier, elle est d'une seule pièce et à mailles, sans autre couture que celle qui fixe la partie supérieure et qui se termine par une petite houppe. Dans la partie inférieure, le tissu est redoublé sur lui-même de manière à former une bordure de cinq centimètres environ en hauteur.

Les calottes sont de pointures assorties et doivent peser 500 grammes la douzaine.

ARTICLE 76. — **Ceinture de gymnase.**

En sangle très forte; elle doit avoir une longueur de 70 à 75 centimètres.

ARTICLE 77. — **Chaussettes de coton.**

En coton de première qualité, à trois fils, renforcés d'un quatrième fil au talon et au bout du pied. La couture est située sous le pied; le tricot doit être très souple.

Ces chaussettes sont fournies à la paire sur quatre tailles d'après les indications suivantes :

	LONGUEUR		NOMBRE	POIDS NET
	DU PIED environ.	DE LA JAMBE environ.	DE MAILLES à l'entrée.	DE LA DOUZAINE environ.
1re taille	0m,260	0m,310	160	1k,060
2e —	0m,240	0m,270	150	0k,970
3e —	0m,220	0m,250	142	0k,900
4e —	0m,200	0m,240	135	0k,820

Les tailles sont indiquées par les numéros 1, 2, 3 ou 4 dans le tissu de la chaussette, ou par une, deux, trois ou quatre lignes bleues tissées à la partie supérieure.

ARTICLE 78. — **Chemise de coton.**

Ces chemises ont un devant formant plastron avec un pli crevé de chaque côté et froncé à la base, le dos est également froncé à la base de la pièce d'épaule. Elles sont d'ailleurs conformes au modèle-type adopté par le Prytanée et fournies sur 4 tailles principales, savoir :

Longueur devant prise au pied du collet	1re taille, environ	0m,86
	2e —	0m,80
	3e —	0m.74
	4e —	0m,65

ARTICLE 79. — **Cravate blanche.**

En percale de première qualité d'une longueur de 0m,90 environ et d'une largeur de 0m,27 environ.

ARTICLE 80. — **Draps de lit.**

En toile demi-blanche, de lin, de première qualité. Leur longueur après confection doit être de 3m,50 et leur largeur de 2m,10.

ARTICLE 81. — **Fausses-manches.**

Semblables à celles en usage dans les diverses sections (article 107 de la description des uniformes de l'infanterie) mais elles ne comportent ni fentes ni boutons avec boutonnières pour fermer le poignet.

Dimensions.

Hauteur du devant, prise au milieu	1re taille, environ	0m,55
	2e —	0m,52
	3e —	0m,50

ARTICLE 82. (Supprimé.)

ARTICLE 83. (Supprimé).

ARTICLE 84. — **Gilet de coton.**

En coton de première qualité, à trois fils, muni de 6 boutons en porcelaine fermant droit sur la poitrine. Les boutonnières sont solidement établies sur une double bande de toile, dans toute la hauteur du vêtement.

Les manches sont diminuées près du poignet de manière à former la manchette.

Dimensions :

	HAUTEUR du dos. Mesure métrique.	DEMI-GROSSEUR sous les bras.	LONGUEUR des manches y compris le bord à côtes.	DEMI-ENTOURNURE des manches moins le gousset.	POIDS à la douzaine.
1re taille	0m,620	0m,420	0m,480	0m,170	4k,500
2e taille	0m,550	0m,370	0m,440	0m,135	3k,800
3e taille	0m,490	0m,320	0m,410	0m,125	3k,400
4e taille	0m,420	0m,270	0m,365	0m,115	3k,000

Les mesures sont prises, l'effet posé à plat, sans tension.

ARTICLE 85. — **Mouchoir de poche.**

En toile blanche de lin, ayant après confection 0m,53 de côté environ.

ARTICLE 86. — **Sac à linge.**

En toile grise de lin. Leur largeur après confection doit être d'environ 0m,42 et leur hauteur d'environ 0m,45 au minimum.

La partie supérieure est munie d'une coulisse.

Sac de petite monture garni (1).

ARTICLE 87. — **Sac de petite monture.**

Du modèle général.

ARTICLE 88. — **Boîte à cirage.**

Semblable comme forme et dimension à celle de l'infanterie, mais elle n'a qu'un compartiment pour le cirage.

ARTICLE 89. — **Brosse à boutons.**

Longue et étroite, terminée en pointe et plaquée.

---

(1) Composition :

Sac de petite monture		1
Boîte à cirage		1
Brosses	à boutons	1
	à cheveux	1
	double à chaussure	1
	à dents	1
	à habits	1
	à peigne	1
	à reluire	1
Fiole à tripoli		1
Glace		1
Martinet		1
Patience		1
Peigne en ivoire		1
Rince-bouche		1
Rouleau de serviette		1

Elle a 4 rangs d'épis blancs au centre ayant 20mm de saillie.

ARTICLE 90. — **Brosse à cheveux.**

De forme ovale avec manche droit, plaquée dessus en vernis, garnie d'épis en chiendent très fin.

Dimensions :

Longueur totale, environ	230mm
— de la brosse, environ	110mm
— du manche, environ	120mm
— des épis	45mm

ARTICLE 91. — **Brosse double à chaussure**

Semblable comme forme à celle de l'infanterie.

Elle a quatre rangées d'épis pour les six premiers rangs, trois pour le septième, deux pour le huitième, un seul épi à la pointe.

Longueur totale, environ	250mm
— du manche, environ	130mm
Largeur à la base, environ	40mm

ARTICLE 92. — **Brosse à dents.**

Avec manche légèrement recourbé et aplati ; elle est garnie de 18 rangées d'épis en longueur sur 4 en largeur.

Longueur environ 160mm.

ARTICLE 93. — **Brosse à habits.**

Avec placage en vernis et ses extrémités légèrement arrondies ; elle est garnie de 30 rangées en longueur sur 7 en largeur, d'épis de crin noir bien fournis, d'une hauteur de 23 à 25mm.

ARTICLE 94. — **Brosse à peigne.**

De forme ordinaire, arrondie, le contour extérieur est garni de 24 épis en crin blanc.

Le deuxième rang est garni de 14 épis en crin noir ; le troisième de 11 épis en crin blanc ; le quatrième de 7 épis en crin blanc.

ARTICLE 95. — **Brosse à reluire.**

Semblable comme forme à celle de l'infanterie.

Longueur environ 210mm ; largeur environ 65mm.

ARTICLE 96. — **Fiole à tripoli.**

En fer-blanc (épaisseur minimum 2/10 et demi de millimètre), de forme conique (hauteur de 48 à 50mm, base 35mm), fermée par un bouchon de liège garni d'une petite plume dont les barbes plongent dans la fiole.

ARTICLE 97. — **Glace.**

De forme ovale, ayant environ 108mm de hauteur et 62mm dans sa plus grande largeur, elle est renfermée dans un cadre en bois également ovale, mais carré à ses deux extrémités et mesurant :

Longueur, environ	150mm
Largeur aux extrémités, environ	40mm
— au milieu, environ	85mm

ARTICLE 98. — **Martinet.**

Du modèle général de l'infanterie.

ARTICLE 99. — **Patience.**

Du modèle général de l'infanterie.

ARTICLE 100. — **Peigne.**

En ivoire, des dimensions suivantes :

Longueur, environ	75mm
Largeur, environ	50mm

ARTICLE 101. — **Rince-bouche.**

En fer battu étamé à fond plat.

Dimensions :

Hauteur, environ		0m,055
Diamètre	au fond, environ	0m,042
	à l'ouverture, environ	0m,055

ARTICLE 102. — **Rouleau de serviette.**

En métal blanc	Hauteur, environ	0m,020
	Diamètre, environ	0m,052

ARTICLE 103. — **Serviette.**

En toile demi-blanche de lin. Sa longueur après confection doit être d'environ 1 mètre et sa largeur d'environ 0m,80.

SECTION VIII.

ARMEMENT.

Article 104. — **Dispositions spéciales.**

Les élèves ne sont pas armés, mais le Prytanée détient l'armement nécessaire pour leur instruction.

TABLE DES MATIÈRES.

Ire PARTIE.

Cadre.

TITRE Ier.

OFFICIERS.

TITRE II.

ADJUDANTS.

TITRE III.

SOUS-OFFICIERS (AUTRES QUE LES ADJUDANTS) ET SOLDATS.

CHAPITRE Ier.

INFANTERIE ET COMMIS ET OUVRIERS MILITAIRES D'ADMINISTRATION.

SECTION I. — Habillement.

SECTION II. — GALONS ET MARQUES DISTINCTIVES.

SECTION III. — COIFFURE.

SECTION IV. — CHAUSSURE.

SECTION V. — GRAND ÉQUIPEMENT.

SECTION VI. — PETIT ÉQUIPEMENT.

SECTION II. — GALONS ET MARQUES DISTINCTIVES.

SECTION III. — COIFFURE.

SECTION IV. — CHAUSSURE.

SECTION V. — GRAND ÉQUIPEMENT.

SECTION VI. — PETIT ÉQUIPEMENT.

SECTION VII. — ARMEMENT.

Paris et Limoges. — Imprimerie militaire Henri CHARLES-LAVAUZELLE.

www.ingramcontent.com/pod-product-compliance
Ingram Content Group UK Ltd.
Pitfield, Milton Keynes, MK11 3LW, UK
UKHW022141170726
13837UKWH00004B/1710